A B
Contraste insuffisant
NF Z 43-120-14

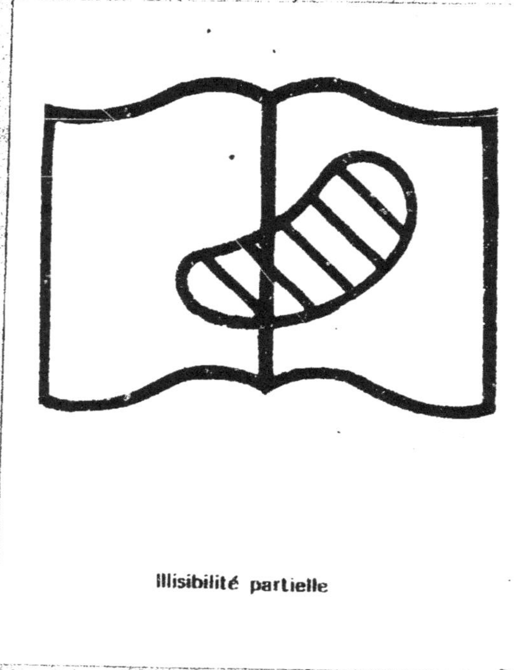
Illisibilité partielle

Couvertures supérieure et inférieure
en couleur

LES

ÉTANGS SALÉS

DES BORDS DE LA MER MÉDITERRANÉE

ET LEUR CONDITION LÉGALE

PAR

M. LÉON AUCOC

MEMBRE DE L'INSTITUT

PARIS

LIBRAIRIE DUNOD

QUAI DES AUGUSTINS, 49.

1882

LES ÉTANGS SALÉS

DES BORDS DE LA MER MÉDITERRANÉE

ET LEUR CONDITION LÉGALE.

EXTRAIT DU COMPTE-RENDU

De l'Académie des sciences morales et politiques

(INSTITUT DE FRANCE)

PAR M. CH. VERGÉ,

Sous la direction de M. le Secrétaire perpétuel de l'Académie.

LES

ÉTANGS SALÉS

DES BORDS DE LA MER MÉDITERRANÉE

ET LEUR CONDITION LÉGALE

PAR

M. LÉON AUCOC

MEMBRE DE L'INSTITUT

PARIS

LIBRAIRIE DUNOD

QUAI DES AUGUSTINS, 49.

—

1882

LES ÉTANGS SALÉS

DES BORDS DE LA MER MÉDITERRANÉE

ET LEUR CONDITION LÉGALE.

I

Si l'on consulte une carte de France dressée à grande échelle, on remarque sur les bords de la mer Méditerranée, notamment aux environs de Narbonne, de Cette, des embouchures du Rhône et de Marseille, quelques étendues d'eau plus ou moins considérables, qui pénètrent dans l'intérieur des terres et paraissent en communication avec la mer, ce sont les étangs salés de Leucate, de la Palme, ceux de Sigean, de Bages et de Gruissan, qui forment comme un seul groupe, puis l'étang de Thau, celui du Valcarès, enfin ceux de Caronte et de Berre. Si l'on étudie le même territoire sur la carte de l'état-major, on aperçoit avec étonnement que le nombre des étangs salés est fort élevé, spécialement dans la région comprise entre Cette et Marseille, qu'il dépasse le chiffre de soixante-dix et que la communication directe et permanente de ces étangs avec la mer est assez rare.

Quand on recherche quelle est la condition légale de ces étangs, on éprouve une impression semblable. D'après les principes généraux sur le domaine public, on serait porté à admettre que les étangs salés, constituant des dépendances de la mer, devraient être rangés dans le domaine public, sauf un petit nombre d'exceptions. Mais l'examen des faits montre que les exceptions sont plus nombreuses que la règle ; on constate que la plus grande partie de ces étangs salés est actuellement en dehors du domaine public et que les droits des particuliers et des communes qui en sont propriétaires, droits justifiés par des circonstances physiques et historiques toutes spéciales, fondés sur des titres réguliers, sur des décisions de la justice, ont été reconnus par l'administration de la marine et l'administration des domaines représentant l'Etat.

La constitution physique de cette singulière partie du territoire, son origine, son état présent, les transformations qu'il est désirable d'y introduire ont été l'objet de nombreux travaux de la part des archéologues et des géographes et de la part des ingénieurs. Plusieurs de ces études ne touchent qu'à une partie de la côte. Nous citerons, à ce titre, l'*Aperçu historique sur les embouchures du Rhône*, publié en 1866 par M. Ernest Desjardins, notre savant confrère de l'Académie des Inscriptions et belles lettres, qui a ranimé une ancienne polémique au sujet des *Fosses mariennes*, établies par Marius pour ravitailler son armée au moment de la fameuse campagne contre les Cimbres, les Ambrons et les Teutons. Citons encore les remarquables travaux de plusieurs ingénieurs des ponts et chaussées, le mémoire de M. Poulle sur la Camargue (1844), ceux de M. Surell sur l'amélioration des embouchures du Rhône et sur la Camargue (1847 et 1850), ceux de M. Régy, sur l'amélioration du littoral de la Méditerranée dans le département de l'Hérault (1863 et 1868), le Traité d'hydraulique et de géologie agricoles, de M. Duponchel (1868). On trouve enfin une étude d'ensemble dans les ouvrages de M. Lenthéric, ingénieur en chef des ponts et chaussées, sur *les villes mortes du golfe de Lyon*, sur *la Grèce et l'Orient en Provence*, sur *la Provence maritime* et sur *la Région du Bas-Rhône* (1876-1881), ouvrages auxquels un habile mélange de notions de géologie, d'histoire et de science pratique donne un intérêt particulier (1).

(1) On rencontre encore des indications fort intéressantes, au point de vue de la pêche, sur les étangs salés dans un rapport de M. Bouchon-Blandely, secrétaire du Collége de France, présenté en 1881, à la commission instituée par le Sénat pour faire une enquête sur le repeuplement des eaux. (*Journal officiel* des 16 et 18 janvier 1881.)

Mais autant la question a été travaillée au point de vue géographique, historique et technique, autant elle semble avoir été peu approfondie au point de vue juridique. Nous ne connaissons aucun ouvrage de droit qui donne des notions étendues sur les raisons d'être, l'état actuel et les caractères distinctifs des deux catégories d'étangs salés, les uns placés dans le domaine public, les autres constituant des propriétés privées (1).

Et cependant ce n'est qu'après une lutte qui a duré vingt ans, de 1845 à 1864, que les droits privés sont parvenus à se faire reconnaître et il n'est pas sans intérêt de rechercher comment un pareil résultat a été obtenu. Cette étude met bien en relief les principes sur l'imprescriptibilité du domaine public, et les cas exceptionnels dans lesquels il est dérogé à ces principes. Elle montre à quelle autorité il appartient de trancher ces questions délicates, suivant les éléments du débat. Elle fait voir comment l'administration de la marine, entraînée trop loin par son zèle pour l'intérêt public, et par la mission qu'elle s'est assignée de protéger les marins pêcheurs, afin de compenser les charges que fait peser sur eux l'inscription maritime, a été ramenée au respect des droits privés par l'intervention du Conseil d'Etat et des tribunaux civils. Elle explique la véritable portée de dispositions réglementaires édictées au cours de la lutte et qui paraissent méconnaître les droits privés. Elle donne enfin toute sa valeur à la reconnaissance définitive de ces droits. Il y a là une série d'enseignements qu'il est utile de recueillir.

L'intérêt qui animait l'État dans cette lutte n'était pas,

---

(1) V. Beaussant, *Code maritime* (1840). t. II. n° 872, p. 861.

Dalloz, *Répertoire*, v°. *Domaine public*, n° 84 ; — v°. *Pêche maritime*, n° 47.

Flocque, *De la Mer et de la Navigation maritime* (1870), p. 326 et suivantes.

nous venons de l'indiquer, un intérêt fiscal. C'est l'administration de la marine qui a mené la campagne. Son but était de reprendre la disposition des étangs salés et des canaux qui s'y rattachent, pour y établir la liberté de la pêche au profit des marins soumis à l'inscription maritime et pour empêcher l'usage des procédés de pêche nuisibles à la reproduction du poisson.

Elle n'ignorait pas que la situation physique des étangs salés était loin d'être partout la même : que sur beaucoup de points, la communication directe et constante avec la mer avait cessé, que la navigation n'y était plus praticable depuis longtemps ; elle savait qu'à l'occasion des modifications de l'état du sol et des eaux, de nombreuses concessions avaient été faites bien avant 1789, et s'étaient transmises pendant plusieurs siècles, sans contestation de la part de l'autorité publique ou même avec sa ratification. Mais, à ses yeux, si anciennes qu'elles fussent, ces concessions étaient précaires et sans valeur, parce que la mer et ses dépendances sont essentiellement du domaine public, et ne peuvent, à ce titre, être aliénées et devenir susceptibles d'appropriation. D'autre part, les droits de pêche attribués à des particuliers, par des actes antérieurs à 1789, lui paraissaient éteints en vertu des lois abolitives du régime féodal. Dans sa pensée, il ne pouvait y avoir d'exception au principe que les dépendances de la mer font partie du domaine public. Peu importait qu'un étang fût ou ne fût pas en communication directe et permanente avec la mer, que la navigation y fût ou n'y fût pas possible. La salure des eaux était le seul critérium auquel on devait s'attacher. Toutes les fois que l'eau était salée, la pêche appartenait aux marins inscrits.

Ces prétentions, l'administration de la marine les a soutenues non-seulement par des procès devant les tribunaux civils et administratifs, mais par des actes administratifs portant délimitation du domaine public, et même par le remaniement des lois et règlements sur la pêche maritime. Elle n'a négligé aucun moyen de défendre ce qu'elle considérait comme l'intérêt public et les droits de l'État. Voyons par quels arguments ses prétentions ont été combattues et comment l'État a été conduit à mettre lui-même les droits privés à l'abri de toute contestation.

II

L'origine de ces étangs salés et leur constitution physique font déjà comprendre comment les uns sont encore des dépendances de la mer, soumises au régime du domaine public, comment les autres ont été détachés de ce domaine et ont pu devenir des propriétés privées.

Les historiens ont répété longtemps, à la suite de Ducange, que depuis l'époque où saint Louis, partant pour ses croisades, s'était embarqué à Aigues-Mortes, la mer avait cessé de baigner les murs de cette ville et s'en était éloignée de plus d'une demi-lieue. On ne reproduit plus aujourd'hui cette erreur. On sait que, du temps de saint Louis, Aigues-Mortes était séparée de la mer, comme aujourd'hui, par des dunes coupées d'étangs et de marais salants et que les navires sortant du port gagnaient la mer par un long canal dont il reste encore quelques traces. Les archives de la ville d'Aigues-Mortes contiennent en effet de nombreux titres du XIII⁰ et du XIV⁰ siècles qui font mention des étangs situés entre la ville et la mer et des salines ou des pêcheries qui y sont installées (1).

(1) V. Di Pietro. *Histoire d'Aigues-Mortes*, p. 57 et suiv. — M. Topin, *Aigues-Mortes*, p. 12 et suiv. — Lenthéric, *Les Villes mortes du golfe de Lyon*, 3⁰ édition, p. 353 et suivantes.

Toutefois M. Pagézy, sénateur, dans ses *Mémoires sur le port d'Aigues-Mortes*, publiés en 1879, a soutenu une opinion intermédiaire. D'après lui, du temps de saint Louis, le dernier groupe des étangs placés devant Aigues-Mortes était vraisemblablement en communication avec la mer et formait une sorte de baie.

Mais si le littoral ne s'est pas modifié sensiblement au devant d'Aigues-Mortes, depuis l'époque de saint Louis, il a subi antérieurement, comme presque toute la côte du golfe de Lyon (ou du Lion), de profondes transformations qui ont créé sur beaucoup de points un double rivage et formé par suite les étangs salés.

Les géologues attribuent ce fait, semblable à celui qui s'est produit à l'embouchure du Nil et du Pô et sur d'autres rivages, à l'apport des sables et limons charriés par les fleuves dans une mer sans marée, qui laisse les dépôts s'accumuler et les repousse ensuite vers la côte avec les sables de la plage, par l'action des vagues et des courants. On a calculé que le Rhône apporte chaque année à la mer 21 millions de mètres cubes de limons. A l'embouchure même du fleuve, le bourrelet d'alluvions forme des îlots qui divisent ses eaux en plusieurs bras. Devant ces îlots, qui sont bientôt des îles, et sur d'autres points du rivage, se crée un cordon littoral qui constitue des baies dont l'entrée devient de plus en plus étroite. On voit là l'origine du delta du Rhône et celle des étangs salés. La cause qui a formé les étangs salés tend sans cesse à les modifier. Les fleuves, qui ont contribué par les limons qu'ils charriaient à fournir les éléments du rivage de l'étang, contribuent, par de nouveaux dépôts, à exhausser le fond et à faire de la lagune vive une lagune morte. L'étang reste alors en communication avec la mer par des ouvertures plus ou moins larges que les eaux pratiquent dans le rivage et qui, après avoir été permanentes, ne sont plus que temporaires et finissent par disparaître complètement. Dans ce dernier cas, l'étang peut encore recevoir les eaux de la mer qui, poussées par la tempête, franchissent le cordon littoral; ou bien celles qui pénètrent par des infiltrations. Mais il arrive parfois que toute communication cesse et qu'il n'a plus à vivre que de son propre fonds.

Il faut lire dans l'ouvrage de M. Lenthéric sur *les villes mortes du golfe de Lyon* la description de toute la côte et particulièrement des étangs qui la bordent; on y voit leurs transformations successives et leur état actuel.

Nous n'avons besoin d'emprunter à ce savant et ingénieux travail que quelques exemples pour bien caractériser la situation.

Voici ce qu'il dit d'abord de l'étang de Saint-Nazaire situé non loin de Perpignan. « L'étang de Saint-Nazaire a une superficie de 1,200 hectares environ; il communique avec la mer par une coupure naturelle à travers le cordon littoral; cette ouverture est souvent obstruée par les sables et l'étang se trouve complètement fermé et isolé. Lorsque les crues du Réart (rivière qui s'y jette) ou les pluies d'automme et d'hiver gonflent ses eaux, la différence de niveau entre le bassin et la mer détermine une pression sur le point le plus faible du cordon littoral, cette frêle barrière se brise; le trop plein des eaux de l'étang se déverse dans le golfe de Lyon et si le vent souffle de terre et chasse au large les eaux de la mer, le niveau baisse de 1 mètre environ. Le phénomène inverse se produit lorsque les vents soufflent du large; le courant s'établit alors de la mer à l'étang; mais dans la plupart des cas, lorsque l'équilibre existe, la passe est comblée par les sables et l'on peut parcourir à pied sec toute la partie de la côte qui s'étend entre l'embouchure du Tech et celle de la Têt (1). »

Il serait trop long de reproduire l'étude sur l'origine et la transformation du groupe d'étangs situés aux environs de Narbonne, les étangs du Grazel, de Bages, de Sigean, de Gruissan, de Vendres, débris de l'ancienne mer Narbonnaise, si fréquentée par les navires jusqu'au IVe siècle de notre ère, et atterrie par les limons qu'a charriés l'Aude.

Au point de vue où nous sommes placés, il est plus utile

____

(1) *Les Villes mortes du golfe de Lyon,* p. 149.

de signaler la situation des étangs qui font suite à l'étang de Thau jusqu'à Aigues-Mortes.

« Ancien golfe ouvert du côté de la mer (c'est de l'étang de Thau qu'il s'agit) aujourd'hui fermé par le *Lido*, il restera encore navigable pendant de longs siècles ; car son fond ne s'exhausse qu'avec une extrême lenteur, grâce aux faibles apports des petites rivières qui y conduisent leurs eaux. Le grand travail de comblement est au contraire très-avancé pour les étangs d'Ingril, de Vic, de Maguelone, de Pérols, de Mauguio, etc, dans lesquels le Rhône, le Vidourle et le Lez jetaient encore leurs sédiments à une époque rapprochée de nous. Tous ces étangs ou marais ne sont plus navigables et les états de Languedoc ont dû, au commencement du dernier siècle, y faire creuser un canal latéral à la mer qui vient, sous les murs d'Aigues-Mortes, joindre le canal de Beaucaire et permet ainsi à la batellerie fluviale de passer des eaux du Rhône dans celles de la Garonne. C'est le canal des étangs (1).

Aux environs d'Aigues-Mortes, M. Lenthéric constate, avec M. Surell, l'existence de plusieurs cordons littoraux parallèles entre eux, qui ont successivement détaché du domaine maritime les trois zônes d'étangs placés entre cette ville et la mer, les étangs de la Marette, des Caïtives, de la Ville, du Roi, du Repausset et du Repos, dont plusieurs ont été coupés par un nouveau chenal établi au xviiie siècle pour faire communiquer Aigues-Mortes avec la mer (2).

Depuis l'époque la plus reculée, ces étangs sont le siége d'une industrie florissante, la fabrication du sel ; les salines de Peccais, les plus anciennes, qui ont fait partie du domaine royal, sont aussi les plus connues (3).

(1) Ouvrage précité, p. 303. — Voir aussi Ernest Desjardins, *Aperçu historique sur les embouchures du Rhône*, p. 53.

(2) Lenthéric, ouvrage précité, p. 357.

(3) Voir di Pietro, *Histoire d'Aigues-Mortes*, p. 438 et suivantes. —

Les étangs de la Camargue ont un caractère spécial : « A
la base du triangle formé par le delta du Rhône se trouve
un étang central, le Valcarès, dont la superficie est de
12,000 hectares et dont la profondeur varie de un mètre à
deux mètres (1). Tout autour de cet étang et le long de la
plage, un nombre considérable de lagunes et de marais, de
formes et de dimensions différentes et variables, occupent
encore une surface de près de 8,000 hectares. Cette région
de la Basse-Camargue est à peine séparée du domaine maritime par une plage étroite qui se réduit sur certains
points à une mince crête de sable et que les vagues fran-
chiraient à chaque instant si l'on n'avait récemment fortifié
cette fragile clôture par une digue artificielle qui met ainsi
l'île à l'abri des coups de mer (2). » Ajoutons d'ailleurs que
cette digue a naturellement compromis l'existence de plusieurs étangs dont elle a supprimé l'alimentation.

C'est depuis longtemps le cas des étangs de la Valduc et
de l'Engrenier, bassins complètement fermés. Le niveau de
leurs eaux soumises à une évaporation active, s'est rapide-
ment abaissé et est descendu à 9 mètres en contrebas du niveau moyen de la mer. « Ce ne sont plus que des Caspiennes
en miniature dont les eaux sursaturées de sel alimentent
les salines et les usines de produits chimiques que l'industrie a créées sur leurs bords (3). »

Quant à l'étang de Berre, c'est une véritable mer inté-
rieure, entourée de collines rocheuses sur presque tout son
parcours, dont la superficie n'a pas moins de 20,000 hectares,
dont la profondeur varie de 6 à 12 mètres et qui pourrait,
d'après des projets anciennement indiqués et discutés de nou-

Lenthéric, *la Région du Bas-Rhône*, chap. I. *Le pays du sel et le canal
de Beaucaire.*

(1) D'après d'autres documents, la superficie de 12,000 hectares com-
prendrait plusieurs étangs voisins du Valcarès.

(2) Lenthéric, *les Villes mortes du golfe de Lyon*, p. 57.

(3) Lenthéric, *la Grèce et l'Orient en Provence*, p. 320.

veau dans des publications récentes, rendre de grands services sinon à notre marine de guerre, du moins à la marine marchande (1).

La description que nous venons de reproduire suffit pour montrer qu'un certain nombre d'étangs salés ont tous les caractères de la mer et sont restés dans le domaine public.

La cour de cassation a eu l'occasion de le proclamer plusieurs fois.

En 1842, sur les conclusions de M. le Procureur général Dupin, qui rappelait plusieurs textes formels de la législation antérieure à 1789, notamment l'ordonnance d'août 1681, elle assimilait les étangs salés à la mer, au point de vue de la police de la navigation, et elle donnait de l'étang salé cette définition : « Une baie communiquant à la mer par une issue plus ou moins étroite et qui en est une prolongation et une partie intégrante, formée des mêmes eaux, peuplée des mêmes poissons et soumise par conséquent aux mêmes mesures de police (2). »

La définition est exacte pour l'étang de Leucate dont il s'agissait dans le procès. En 1864, elle disait encore, à l'occasion de l'étang de Mauguio : « Les étangs salés font partie intégrante de la mer ; leurs rivages, comme ceux de la mer, font partie du domaine public et sont à ce titre destinés à l'usage public, sans pouvoir être aliénés (3). »

---

(1). Lenthéric, *la Région du Bas-Rhône,* chap. IV. — *L'Étang de Berre et les canaux du Rhône à la mer.*

(2). Cassation, ch. crim., 23 juin 1842 (*Fabre*). Dalloz, v°. *Pêche maritime,* n° 47. L'article 1er de l'ordonnance royale du 31 août 1722 fait défense à tous maîtres et patrons de bateau portant mâts, voiles et gouvernail qui font la pêche *à la mer* du poisson frais, d'embarquer aucun matelot ou garçon de bord qui ne soit compris au rôle d'équipage, à peine de 60 livres d'amende. Il s'agissait d'appliquer ce texte.

On verra plus loin que le législateur de 1852 a tranché définitivement cette question.

(3) Cassation, ch. req., 22 novembre 1865. (*Gilles C. commune de Mauguio.*) — Dalloz, 1865, 1, 109.

Mais cette définition est-elle applicable à tous les étangs salés ? Sont-ils tous physiquement et par suite légalement une partie intégrante de la mer ? Leur transformation physique n'a-t-elle pas modifié leur condition légale ? D'ailleurs, en admettant qu'ils soient restés en communication directe et permanente avec la mer, que la navigation ait continué à y être pratiquée, est-il inadmissible que des droits privés aient pu être légitimement constitués sur ces étangs ou sur les canaux qui s'y rattachent ?

Tel est l'objet de la lutte juridique que nous avons à résumer, et cet exposé pourrait être divisé en quatre parties : Les procès devant les tribunaux ; — la délimitation du domaine public ; — le remaniement de la législation sur la pêche maritime ; — la reconnaissance des droits privés par l'État.

III

Les procès devant les tribunaux se rattachent à trois types différents.

Le procès relatif à l'étang du Grec, engagé en 1845 et qui s'est terminé par un arrêt de la cour de cassation en 1849, nous offre le cas le plus simple.

Cet étang n'était plus en communication directe avec la mer, il n'était plus navigable. Un sieur Bouyron s'en prétendait propriétaire, en vertu de ventes successives remontant à beaucoup plus de trente ans. L'État, pour faire tomber ces titres, invoquait la situation ancienne des lieux dans laquelle l'étang constituait incontestablement une dépendance de la mer et il revendiquait cet étang comme un bien du domaine public, imprescriptible et inaliénable.

Mais la cour de Montpellier, dans son arrêt du 29 juin 1847, répondait que cette situation avait été changée depuis longtemps, « Il importe peu, disait-elle, que dans des temps très-anciens, la vaste nappe d'eau connue sous les noms d'eaux de Lattes, étang du grand Méjean, de l'Arnel ou de Pérols, dont faisait partie l'étang du Grec, ait pu réunir autrefois tous les caractères de la domanialité et être considérée notamment comme navigable ; le caractère primitif des eaux domaniales peut subir des modifications naturelles ou artificielles ; dans l'espèce, ce caractère ancien, cette destination primitive, en supposant qu'ils aient existé, ont subi, depuis plus d'un siècle, d'importantes modifications, par des atterrissements successifs et surtout par l'effet de l'établissement du canal du Lez et du canal des étangs qui ont coupé latéralement et par le milieu les eaux dont il vient d'être parlé et qui bordent aujourd'hui à l'ouest et au nord l'étang du Grec. » De tous ces faits, la cour de Montpellier concluait que cet étang ne faisait pas partie du domaine public, imprescriptible et inaliénable. Cette doctrine fut confirmée par la cour de cassation le 6 février 1849 (1).

Rien n'est plus conforme aux principes. Les biens dépendant du domaine public peuvent être déclassés par leur changement de nature et de destination. Ainsi, les portions du rivage qui cessent absolument d'être baignées, du côté de l'Océan, par le plus grand flot de mars ou, sur les bords de la Méditerranée, par les plus hautes eaux d'hiver, et qui deviennent des lais et relais de mer, sortent du domaine public pour entrer dans le domaine de l'État et sont par suite prescriptibles et aliénables. C'est la théorie qui se trouve appliquée aux étangs salés, déclassés par suite de leur changement de nature. Leurs détenteurs actuels peuvent, à défaut de titres, invoquer la prescription.

Mais la propriété privée ne peut-elle pas s'étendre aussi à des étangs qui communiquent encore avec la mer et

(1) Dalloz, 1849, 1, 179. Voir aussi sur cette affaire une ordonnance rendue au contentieux sur conflit, le 30 mai 1845 (*Bouyron*) qui reconnaît la compétence de l'autorité judiciaire.

qui sont, au moins en partie, navigables. N'en est-il pas de même pour les canaux qui s'y rattachent ?

La question a été soulevée en 1845 dans le procès soutenu par le marquis de Gallifet, au sujet du canal du Roi situé près de Martigues, qui forme une des communications établies de main d'homme, entre l'étang de Caronte et l'étang de Berre, et de la pêcherie, dite bordigue, installée dans le canal. Des pêcheurs s'y étaient introduits sans autorisation. Le marquis de Gallifet les avait cités devant le tribunal d'Aix, pour les faire condamner à lui payer des dommages-intérêts. L'administration de la marine intervint et prit fait et cause pour les pêcheurs. L'État, représenté par le préfet, intervint de son côté pour revendiquer le domaine public.

Le marquis de Gallifet produisit alors ses titres de propriété, parmi lesquels figuraient plusieurs chartes émanées des anciens souverains de la Provence, du Xe au XVe siècle; des chartes données en 920 et en 1144 par les empereurs Louis et Conrad aux archevêques d'Arles, une concession faite en 989 par l'archevêque d'Arles, des conventions intervenues en 1223, 1292 et 1457, entre les comtes de Provence et les archevêques d'Arles, le testament de Charles du Maine, dernier comte de Provence, en date du 10 décembre 1481. Il y joignait un arrêt du Conseil d'État du Roi de 1781, rendu à la suite de la vérification générale des droits maritimes ordonnée par les arrêts du 21 avril et du 26 octobre 1739, enfin un dernier arrêt du Conseil du 21 décembre 1790 qui rejetait une réclamation des pêcheurs de Martigues.

L'instance, compliquée par un arrêté de conflit, par un débat préjudiciel devant le Conseil d'État, sur le caractère des titres invoqués, se termina par un jugement du tribunal d'Aix du 4 août 1858, qui reconnut que le marquis de Gallifet, avait, en vertu de ses titres, un droit de propriété patrimonial et privé sur le canal du Roi et ses bords, ainsi que sur la bordigue établie dans le canal, jugement qui fut confirmé par un arrêt de la cour d'appel d'Aix du 5 juin 1859. Enfin, le 26 décembre 1860, la cour de cassation rejeta le pourvoi formé contre l'arrêt de la cour d'Aix (1).

Comment ces titres (et beaucoup de propriétaires d'étangs salés étaient en mesure d'en produire de semblables) ont-ils pu être opposés à la revendication de l'État ? C'est que la plupart étaient antérieurs à la réunion de la Provence à la France et qu'il était établi que, dans ce pays, les biens que nous comprenons aujourd'hui dans le domaine public, n'étaient pas inaliénables et imprescriptibles. C'est en outre que, pour la France elle-même, le principe de l'imprescriptibilité du domaine public n'est considéré comme entré définitivement dans la législation qu'à partir de l'édit de Moulins de février 1566. La jurisprudence du Conseil d'État abonde en décisions qui ont posé cette règle (2).

En vain l'administration, battue sur la question de propriété du sol et des eaux, cherchait-elle à opposer aux droits exclusifs de pêche revendiqués par les propriétaires des canaux et des étangs, dont les titres étaient antérieurs à 1566, que ces droits avaient été éteints par les lois aboli-

(1) Les titres qui viennent d'être indiqués et les jugements qui en ont reconnu la validité, ont été imprimés dans un recueil spécial sur les pêcheries de Martigues. (Aix, 1867.).

Ce recueil contient aussi les décisions du Conseil d'État du 17 décembre 1847, du 5 mai 1851 et du 24 juillet 1856 relatives à l'interprétation des titres produits par le marquis de Gallifet.

(2) *Arr. Cons.* 30 mars 1846. (*De Boisset*). — 10 mars 1848 (*Faucheux*). — 11 avril 1863 (*Couturier*), etc.

Il y a, pour les pêcheries, des règles spéciales dans l'ordonnance de mars 1584, art. 84 et 85, dans l'ordonnance sur la marine d'août 1681, liv. V, titre III, art. 4, et, dans l'arrêt du Conseil du 26 octobre 1739, art. 7 à 9. Voir un arrêt de la Cour de Rennes du 14 mars 1859 et un arrêt de la Cour de cassation du 6 février 1860. (*Préfet des Côtes-du-Nord*).

tives du régime féodal. La cour de cassation repoussait cette prétention. Sans doute, il y a des droits de pêche et de chasse qui avaient une origine purement seigneuriale et qui sont tombés avec le régime féodal, lors même qu'ils étaient exercés en 1789, non par les seigneurs, mais par des concessionnaires. L'État a réussi à faire prononcer, par ce motif, la suppression des droits de pêche et de chasse exercés par la commune de Mauguio sur l'étang de ce nom qui est resté dans le domaine public (1). Mais quand le droit de pêche était dans les mains du propriétaire de l'étang, on ne pouvait prétendre qu'il y eût là un droit féodal grevant la propriété d'autrui (2).

Et ce n'est pas tout : il y a des titres postérieurs à 1789 qui ont la valeur des concessions antérieures à 1566. Ce sont les ventes de biens nationaux, biens provenant de l'ancien domaine de la couronne, du clergé et des émigrés, qui ont été déclarées inviolables par la charte de 1814. Le Conseil d'État a toujours décidé que le respect de l'inviolabilité de ces ventes nationales ne comportait aucune exception, alors même qu'elles s'appliqueraient à des dépendances du domaine public. En 1857, il a consacré, malgré les efforts du ministre de la marine et du ministre des finances, les droits invoqués par la famille de Vogué sur un étang de l'ancien lit du Rhône, situé dans l'île de Camargue, vendu par l'État en 1812, bien qu'il constituât un étang salé en communication directe et constante avec la mer (3).

IV

Avant la solution de ces procès, l'État avait déjà cherché d'autres armes pour combattre ses adversaires. Le caractère et la portée des titres qu'ils invoquaient, lui inspiraient

(1) Cassation, 4 avril 1863. (*Préfet de l'Hérault, c. commune de Mauguio.*) Dalloz, 1866, 1, 30.

(2) Cassation, 26 décembre 1860. (*De Gallifet.*)

(3) *Arr. Cons.*, 17 décembre 1857. (*Richaud*).

des inquiétudes. Tout en soutenant que ces actes étaient des concessions faites à titre précaire, révocables sans indemnité, il craignait de voir déclarer (et l'événement a prouvé la justesse de ces craintes) que c'étaient de véritables donations, des ventes, des titres de propriété incommutable.

Il crut trouver des ressources nouvelles dans la délimitation du domaine public par des actes administratifs.

Déjà, dans le procès engagé par la commune de Lattes au sujet de l'étang du Mazet, le préfet avait essayé d'écarter les titres de la commune, en déclarant que cet étang était une dépendance du domaine public. Mais le tribunal des conflits avait décidé, le 20 mai 1850, que cette déclaration ne faisait pas obstacle au jugement par les tribunaux civils d'une question de propriété fondée sur des titres privés, tels que vente, partage et abandon, dont le plus ancien était antérieur à l'édit de février 1566 (1).

Ce n'est pas ici le lieu d'entrer dans les questions si délicates que soulève la délimitation du domaine public et dans les vicissitudes de la jurisprudence du Conseil d'État, de la cour de cassation et du tribunal des conflits (2). La matière a été longtemps obscure. Le Conseil d'État a semblé, pendant une certaine période, disposé à admettre que l'administration était souveraine pour constater les limites du domaine public dans le présent et même dans le passé, sauf

(1) Voir aussi le décret sur conflit du 8 avril 1852. (*Commune de Lattes*) et celui du 26 juin 1852. (*Commune de Frontignan.*) Les droits de la commune de Lattes ont été reconnus par un arrêt de la Cour de Montpellier du 4 février 1857.

(2) Nous avons étudié cette jurisprudence dans un article publié par la *Revue de législation*. (Février 1869). Depuis cette époque, le tribunal des conflits a admis une doctrine qui consacre à la fois celle du Conseil d'État et celle de la Cour de cassation : 11 janvier 1873.(*Paris-Labrosse*), 1er mars 1873 (*Guillée*), 27 mai 1876 (*commune de Sandouville*). Voir l'arrêt du Conseil d'Etat, 10 mars 1882 (*Duval et autres*).

à laisser à l'autorité judiciaire le pouvoir de statuer sur les droits de propriété antérieurs à cette délimitation, et d'accorder des indemnités aux anciens propriétaires dépouillés par la décision administrative. Il en était là en 1850. Plus tard, il a admis des recours contre ces déclarations ; il a dénié à l'administration le droit d'englober des propriétés dans le domaine public par un simple acte de délimitation, et il s'est reconnu le pouvoir d'ordonner la remise en possession des propriétaires, indûment dépossédés.

C'est l'abus qu'on pouvait faire de ses anciennes doctrines qui l'a peu à peu conduit à accroître les garanties dues aux droits des citoyens. Les actes de l'administration de la marine en matière d'étangs salés ont contribué beaucoup à ces progrès de la jurisprudence.

En effet, au mois de mars 1852, pendant que le procès engagé par le marquis de Gallifet au sujet du Canal du Roi était à l'instruction, intervient un arrêté du préfet des Bouches-du-Rhône, approuvé par le ministre de la marine, qui déclarait que ce canal était une dépendance de la mer et que, à ce titre, il faisait partie du domaine public maritime.

Des décisions semblables étaient prises au sujet des étangs de la Roque et du Galégeon, de la portion d'eau salée dite canal du Grau du Lez ; enfin au sujet de l'étang de Caronte, ainsi que des canaux, des plans d'eau et généralement de tous les terrains couverts par le flot qui sont situés dans cet étang et à ses abords.

Tous ces arrêtés furent attaqués devant le Conseil d'État et ils furent tous annulés (1).

Le Conseil d'État se fondait sur deux motifs. D'une part les préfets, en délimitant la mer, avaient empiété sur le pou-

_____

(1) *Arr. Cons.* 19 juin 1856 (*de Gallifet*), — même date, (*Agard et consorts.*) — 7 janvier 1858 (*Agard, Vidal, Fraix, de Gallifet et autres*), — 28 janvier 1858 (*de Grave*).

voir réservé au chef de l'État par l'article 2 du décret du 21 février 1852.

D'autre part, les arrêtés ne faisaient aucune réserve des droits que les réclamants prétendaient avoir à la propriété des étangs, canaux et plans d'eau dont il s'agissait ; ils déclaraient, au contraire, que par leur nature, ces eaux ne pouvaient être l'objet d'un droit de propriété privée.

A la vérité, le décret du 21 février 1852, décret rendu dans la période dictatoriale qui suivit le coup d'État de 1851 et qui avait force de loi, contenait une disposition de nature à induire les préfets en erreur.

Il disposait, dans son article 2, que les limites de la mer seraient déterminées par des décrets rendus dans la forme des règlements d'administration publique et sous la réserve des droits des tiers. Mais il ajoutait ensuite que les déclarations de domanialité, relatives à des portions du domaine public maritime, seraient faites par les préfets, dont les arrêtés déclaratifs seraient visés par le ministre de la marine. C'était ce pouvoir que les préfets avaient entendu exercer.

Il y avait là une grave erreur. Pratiqué de cette façon, le pouvoir des préfets aurait absorbé et rendu inutile le pouvoir du chef de l'État, il aurait fait disparaître sans indemnité les droits des tiers. Toute déclaration de domanialité est la conséquence d'une délimitation du domaine public. N'était-ce pas délimiter la mer que de déclarer que tels et tels canaux, tels et tels étangs en formaient des dépendances ? Les arrêtés des préfets ne pouvaient être valables que s'ils faisaient des applications partielles d'une délimitation générale résultant d'un décret du chef de l'État. Et, dans ce cas, les droits des tiers étaient nécessairement réservés.

Cette réserve des droits des tiers donna lieu bientôt à un curieux incident.

Après la série des arrêts que nous venons de signaler,

l'administration avait fait délimiter, par un décret rendu en Conseil d'État, le rivage nord de l'étang de Caronte. La Société des salins de la Gaffette, qui se prétendait propriétaire d'une partie des terrains couverts par le flot et englobés dans la délimitation, se considéra comme expropriée et assigna l'État devant les tribunaux pour obtenir une indemnité.

Mais l'État déclara qu'il reconnaissait qu'une erreur avait été commise, qu'il admettait les droits de propriété de la Compagnie, que le décret allait être rectifié ou du moins qu'il ne serait pas exécuté et que, laissant la Compagnie en possession de ses terrains, il ne lui devait aucune indemnité. Les propriétaires, voulant être sûrs de la situation qui leur serait faite, prétendaient que leur expropriation était consommée sans retour, et la Cour d'Aix trouvait leur prétention justifiée. Le Conseil d'État fut saisi du débat. Il confirma d'abord un arrêté de conflit qui revendiquait pour l'administration le pouvoir d'interpréter ses actes. Puis il déclara qu'on avait entendu faire un bornage et non une expropriation, qu'en conséquence rien ne faisait obstacle à ce que le décret de délimitation fût rectifié et à ce que les terrains englobés à tort dans le domaine public, ainsi que l'administration le reconnaissait, fussent remis à leurs propriétaires (1).

V

Il ne restait plus à l'administration de la marine qu'à reconnaître les droits privés.

Elle ne le fit pas sans des restrictions contestables.

Un décret, ayant force de loi, du 9 janvier 1852, avait posé des règles générales sur l'exercice de la pêche côtière, et

(1) Décret sur conflit du 20 décembre 1866 et *arr. cons.* du 15 avril 1868. (*Salins de la Gaffette.*)

délégué à des réglements spéciaux le soin de déterminer, pour chaque arrondissement ou sous arrondissement maritime, les mesures d'ordre et de police propres à assurer la conservation de la pêche et à en régler l'exercice.

Le décret spécial aux côtes de la Méditerranée n'intervint que le 19 novembre 1859. Les autres avaient été rendus en 1853 et remaniés plusieurs fois de 1855 à 1858. Ils l'ont encore été en 1862.

Ces décrets n'avaient pas été préparés par le Conseil d'État; on peut le regretter. Sans doute, le décret législatif du 9 janvier 1852 ne l'exigeait pas. Mais le Conseil d'État est fréquemment consulté alors même que son avis n'est pas obligatoire. Sans doute, il s'agissait là de questions techniques et spéciales. Mais le rôle du Conseil d'État est précisément d'introduire dans les réglements sur les matières techniques l'ordre et la méthode qui mettent chaque règle à sa place et en facilitent l'application et d'empêcher que l'esprit exclusif des agents d'un service public impose aux droits privés des sacrifices qui ne seraient pas justifiés.

La mesure des sacrifices que l'intérêt public de la pêche commandait d'imposer à l'intérêt privé n'a t-elle pas été dépassée dans le décret du 19 novembre 1859 ? Les propriétaires d'étangs salés l'ont soutenu avec une certaine vivacité dans plusieurs mémoires où ils demandaient la révision du décret ; nous n'avons pas à l'étudier ici.

Mais il est évident que les droits des propriétaires d'étangs et de pêcheries y semblent méconnus dans plusieurs dispositions.

Le décret législatif du 9 janvier 1852, rendu au plus fort de la lutte engagée par l'administration de la marine, a établi dans plusieurs de ses dispositions les mêmes règles pour la police de la pêche dans toutes les eaux salées. Ainsi l'article 1er porte que le rôle d'équipage est obligatoire pour tout bâtiment ou embarcation exerçant une navigation maritime et que la navigation est dite maritime sur la mer, dans les étangs et canaux où les eaux sont salées et jusqu'aux limites de l'inscription maritime sur les fleuves et rivières affluant directement ou indirectement à la mer. Cette disposition, qui a pour but d'assurer le recrutement de la flotte, ne distingue pas entre les étangs qui font partie du domaine public et ceux qui constituent des propriétés privées. La cour de cassation l'a jugé plusieurs fois (1).

De même les dispositions des articles 2 et 11 du décret du 9 janvier 1852, qui subordonnent à l'autorisation du ministre de la marine la formation de tout établissement de pêcherie maritime, de quelque nature qu'il soit, ne font aucune distinction. Ils s'appliquent donc aux étangs salés qui appartiennent à des particuliers (2).

Suivait-il de là que le décret du 19 mars 1859, rendu en exécution du précédent, ne devait pas distinguer non plus entre les étangs du domaine public et les étangs privés ? Nullement et d'ailleurs il n'a pas commis cette erreur et cet abus de pouvoir.

Au contraire, l'article 102, en vue de mettre fin à la lutte engagée depuis si longtemps, organise une procédure pour la reconnaissance des droits des particuliers qui prétendent à la propriété d'étangs ou de canaux salés et de tout autre partie du domaine public. Mais on trouve, dans beaucoup d'autres articles, un singulier mélange de dispositions qui paraissent dénier ces droits après les avoir consacrés et qui donnent à l'ensemble des établissements de pêche, sans aucune distinction, un caractère absolument précaire.

---

(1) *Arr. cassation,* 9 mars 1860. (*Ministère public C. Darbouillée.*) — 1er février 1861, (*Prat et autres.*) — 12 juillet 1862 (*Mignard.*) — Dalloz, 1861, 1, 94 et 1. 139, — 1862, 1, 552. Mais elle n'est pas applicable aux eaux qui ne sont plus salées, par exemple à l'étang de Scamandre. *Arr. cassation,* 4 mai 1861. (*Mouraille et autres.*) Dalloz, 1861. 1, 238.

(2) *Arr. cassation,* 6 décembre 1860. (*Alicot.*) — Dalloz, 1861, 1. 95.

Un seul exemple, bien significatif, montre que la rédaction de plusieurs articles prête malheureusement à l'équivoque. Des pêcheurs ont cru pouvoir soutenir, en s'appuyant sur le texte de l'article 57 de ce décret, que la pêche était libre, au profit de tous les marins inscrits, dans les étangs appartenant à des communes et à des particuliers. Singulière volte-face! Pendant longtemps l'administration de la marine avait soutenu que les prétendus droits de propriété privée, revendiqués sur les étangs et canaux, n'étaient que des droits de pêche, et quand la propriété était reconnue, les marins soutenaient que le droit de pêche n'y était pas compris. Si invraisemblable que fût la prétention, des tribunaux s'y sont trompés au premier abord. Il a fallu un arrêt de la Cour de cassation pour établir, par la combinaison des articles 57 et 102 avec les principes du droit commun, que le droit de propriété du sol et des eaux comprenait le droit exclusif de pêche (1).

En réalité ces imperfections dans la rédaction du décret ne portent pas une atteinte réelle aux droits des proprié-

***

(1) *Arr. cassation,* ch. civ., 26 juillet 1870. (*Lévis, Molle et autres.*) Dalloz, 1872, 1. 469.

« Attendu, dit l'arrêt, que s'il est vrai que, d'après l'article 57 du décret réglementaire du 19 novembre 1859, rendu en exécution du décret législatif du 9 janvier 1852, la pêche est libre, sans fermage ni licence, dans les étangs salés communiquant avec la mer, il y a lieu de reconnaître que cette disposition, dans ses termes absolus, n'a eu en vue que les dépendances du domaine public et est sans application aux étangs salés appartenant aux communes ou aux particuliers ; attendu que cette interprétation de la loi est conforme, non seulement aux règles du droit commun, mais aussi aux dispositions précises des articles 102 et suivants du même décret qui impartissent un délai aux communes et aux particuliers pour justifier de leurs titres de propriété..... »

M. Flocque, ordinairement exact, soutient la doctrine contraire en invoquant un arrêt de la Cour de Montpellier du 26 juillet 1865. (*De la mer et de la navigation maritime*, p. 328).

taires d'étangs salés. Ce qui était plus grave, c'était la prétention, manifestée par l'administration de la marine, de trancher à elle seule la question de validité des titres de propriété privée, en imposant aux propriétaires un délai de trois mois pour faire leurs justifications, sous peine de déchéance. (Art. 95, 102 et 103.) Il y avait là un excès de pouvoir manifeste. L'administration de la marine pouvait-elle, par un décret réglementaire, se substituer aux juridictions établies par la loi, aux tribunaux civils, au Conseil d'État? Pouvait-elle remettre en question des droits solennellement reconnus par les tribunaux avant et depuis 1789 ? On douterait même qu'elle en eût la pensée, si son intention ne se trouvait formellement exprimée dans l'article 103 § 2, qui porte « qu'aucun recours pour atteinte portée à ces droits ne pourra être introduit par les particuliers ou les communes qui n'auront pas fourni les copies de leurs titres dans le délai ci-dessus fixé. »

Ce qui a égaré les rédacteurs du décret, c'est qu'ils ont reproduit, dans une certaine mesure, les dispositions des arrêts du Conseil d'État du roi du 21 avril et du 26 octobre 1739, qui avaient ordonné la vérification, par une commission spéciale de membres du Conseil d'Etat, des titres de tous les particuliers qui exerçaient des droits sur la mer et ses rivages et sur les fleuves et rivières qui y ont leurs embouchures, ainsi que sur les étangs salés.

Mais à cette époque, le souverain exerçait le pouvoir législatif et pouvait créer des juridictions exceptionnelles et des déchéances. Un décret réglementaire rendu en 1859 ne pouvait rien faire de pareil ; les tribunaux compétents auraient considéré certainement ces dispositions comme non avenues.

VI

Quoiqu'il en soit, la vérification des titres a été faite. Les propriétaires d'étangs salés, de canaux, de pêcheries, saisissant cette occasion de mettre fin à une série de litiges incessamment renouvelés, ont produit leurs justifications. L'administration de la marine, assistée de l'administration des domaines, les a étudiées avec le plus soin, en appliquant les principes posés par la jurisprudence du Conseil d'État et de la cour de cassation.

Cette instruction s'est prolongée pendant plusieurs années. Enfin, le 30 juillet 1864, le ministre de la marine a pris une décision collective, complétée sur quelques points par deux décisions du 1er avril et du 20 décembre 1865 ; il a reconnu formellement les droits d'un grand nombre de propriétaires d'étangs salés, de canaux, de plans d'eau et de pêcheries. Ces décisions, qui n'ont pas reçu de publicité, mais qu'une bienveillante communication nous a permis d'étudier, ont été notifiées aux propriétaires par les commissaires de l'inscription maritime et les termes de ces actes méritent d'être rapportés.

Voici, par exemple, la notification relative aux propriétés des héritiers de Gallifet, qui avaient déjà donné lieu à près de dix décisions des juridictions civiles et administratives.

« J'ai l'honneur de vous faire connaître, en exécution des ordres contenus dans une dépêche du 30 juillet dernier, qu'après examen des titres produits par vous en 1860, conformément au décret du 19 novembre 1859, le département de la marine n'élève aucune revendication à l'égard de vos propriétés, dites : les canaux et bordigues du Roi et du passage, l'étang et la bordigue de l'Olivier et les étangs d'Engrenier et de la Valduc (1). » C'est un traité de paix en bonne et due forme au sujet de la propriété des étangs salés, et depuis 1864 rien n'est venu troubler cette paix.

Il serait peut-être intéressant, pour conclure, de donner

______

(1) Douze lettres semblables ont été imprimées dans le recueil, déjà cité, des chartes, titres et documents principaux relatifs aux pêcheries de Martigues appelées bordigues. (Aix, 1867.)

le tableau complet des étangs salés et canaux à l'égard desquels des droits de propriété privée ont été reconnus. Il est plus simple de donner au contraire l'énumération de ceux qui restent dans le domaine public ; ainsi que nous le disions au début de ce travail, les exceptions sont beaucoup plus nombreuses que la règle. Les seuls étangs qui nous paraissent encore compris dans le domaine public, sont les étangs de Salses, de Leucate, de Lapalme, de Bages, de Sigean, de Gruissan, du Grazels, de Thau, d'Ingril, de Pérols, de Mauguio, du Gloria, de Caronte et de Berre. Encore y a-t-il quelques portions de plusieurs de ces étangs qui sont l'objet de droits privés régulièrement reconnus (1).

(1) D'après les renseignements que nous avons recueillis et que nous reproduisons ici sans prétendre fournir des arguments pour ou contre l'État ou les particuliers, on peut comprendre au nombre des étangs salés sur lesquels existent des droits de propriété privée reconnus par l'administration, les étangs dont la nomenclature suit :

Étangs de Saint-Nazaire et de Canet, — du Doul, — de Pissevaque, — de Vendres, — de Luno ou de Saint-Martin, — du grand et du petit Bagnas, — de Vic ou de Palavas, — de l'Arnel, — de Maguelone ou du Prévôt, — du Grec ou de la Fourquière, — de Lattes, — de la Ville, — de la Marette, — du Repausset (couchant et levant), — du Roi, — du Commun, — des Caïtives, — du Repau, — de Scamandre, — de Leyran, — de la Larbière, — de Rolland, — de l'Arameau, — de la grande Gorgue, — des Fourneaux, — du Valcarès, — étangs dits des Saintes-Maries (Consecanières, Ginès, etc.), — de Beauduc, — du Tampan, — de Galabert, — du Fangassier, — du Fournelet, — de Canadel ou de la Dame, — de Monro, — Gaze des Rièges, — Gaze d'Escamp, — de Malagoy, — l'Impérial, — des grand et petit Rascaillan, — du Vaisseau, — de Sainte-Anne, — de Giraud, — de Trabac, — de l'ancien lit du Rhône, — de l'Olivier, — de la Valduc, — d'Engrenier, — de l'Estomac ou de Fos, — de Galégeon, — de la Roque, — du Caban, — de Bolmont (partie dépendant de la commune de Châteauneuf), — du Drignon (partie de l'étang de Berre), — des pêcheries d'Hyères, — Salins d'Hyères, — de Villepey. — Il faut y joindre de nombreux canaux faisant communiquer ces étangs entre eux ou avec la mer, et plusieurs étangs situés en Corse.

On peut d'ailleurs affirmer que, eu égard à la nature spéciale des étangs salés, le domaine public a plus de chances de diminuer que de s'étendre. Si, sur certains points, la mer fait des conquêtes et envahit le rivage, il est probable qu'ici elle reculera peu à peu et que les étangs de Thau, de Caronte et de Berre, resteront seuls pendant longtemps encore à l'état de mers intérieures.

TABLE DES MATIÈRES

ORLÉANS. — IMP. ERNEST COLAS.

www.ingramcontent.com/pod-product-compliance
Lightning Source LLC
Chambersburg PA
CBHW051351050726
47595CB00006B/2498